今天的轉念，決定明天的幸福

泥があるから、花は咲く

從生氣到消氣、放棄到放下、抱怨到接受，
讓身心自在的29種人生智慧

青山俊董

陳嫺若——譯

Contents 目次

第三章　改變是可能的

第四章　選擇良師，與志同道合的朋友同行

第五章　何謂真正的幸福

第一章

換個角度思考，結果就會不同

試著改變距離，走近一點、離遠一點

夏日的午後，十幾個小學生來寺裡寫生，他們走到本堂的屋簷下，仰著頭七嘴八舌的議論著。我問他們：「小朋友，你們要畫什麼？」他們說：「想畫本堂。」於是我回答：「若想畫本堂的話，站在屋簷下只能看到掃把掃不到的蜘蛛網和老舊門扉上的孔洞。你們不妨走到前面的山路上去，雖然本堂又舊又破，但從那兒看的話，可以看到它周邊圍繞著垂柳、櫻樹和銀杏等樹林，背後還能向三千公尺高的阿爾卑斯連峰借景，會成為一幅很美的圖畫哦。」一邊說時，我突然領悟到：「人生也是同理啊。」

無論是親子、夫妻、婆媳，人與人之間太接近的話則千瘡百孔，只能看到缺點，彼此挑剔對方的不是，每天過著煩躁的生活。若是論到自己的人生，更是因為太近而看不真切。面對那些和你朝夕相處的人時，不妨試著努力把別人和自己的人生，推得遠點來看，若能看到整體的樣貌，自然而然便能找到解決方法了。

可恨之人　試著遠離

可愛之人　試著靠近

可恨之人　試著靠近

可愛之人　試著遠離

時而靠近　時而遠離
人生啊　真有趣

這是在永平寺擔任講師的小倉玄照禪師的詩，意即有些事物太近時看不清，但也有些事物，走近一點才能發現。因此與人相處時，不妨換換不同的距離、改變角度、改變高度，去凝視人生、凝視事物。

有位朋友去登富士山，回來之後，有感而發的說：「富士山須從遠處眺望。你不妨自己親身爬上去看看，到處是粗獷的山野，或是阻擋去路的岩塊和深谷，重重的遮掩下，富士山美麗的身影早已不知去向，最令人印象深刻的竟是登山客留下的一堆堆垃圾山。……」

即使富士山從我們的眼界中消失，也不會真的不見蹤影，我們不會忘記，富士山永恆不變的美，以及它粗獷的岩壁和垃圾。正如同平時身邊看慣的平凡景色，在月光下，或是雪夜中，它會變化成令我們不敢置信的美景。

我想起一件往事。有次讀到樂燒[1]的掌門人（第十五代）樂吉左衛門的訪談，心中十分感動，也讓我領悟到許多道理。

本代掌門人吉左衛門生於一九四九年，從小到大，其身為十四代掌門的父親，從來不曾命他接掌樂家，他和一般人一樣上國中、升高中，遠離陶藝，考上東京藝大，還特地選了雕刻系。藝大畢業之後，也決定「不回京都」，到義大利留學兩年，打算在完全不同的文化中，發現自我、發現東洋和樂。

1 指十六世紀由樂家第一代名匠長次郎，繼承千利休的茶道，所燒製的茶碗，它不用轆轤，而是手捏成形，呈現自然不規則，但獨一無二的形狀。

「義大利是個光線強烈，陽光與陰影對比鮮明的世界。語言和母音都清晰而冷硬。珍珠球體般的語言，以極大的能量和速度連珠砲般不斷發射。」

樂大師說的這番話，令我驀然發現一件事。那就是樂大師的感性，可以說與義大利語正好是兩個極端。因為他就是一口高雅柔軟的京都腔，而那也正是樂燒給人的感受。

經歷過截然不同的文化，樂大師在「歐洲之光」的映照下，領悟到樂的美、東洋的深遂，以及成長於其中的「自己心中的日本特質」後，回到樂的世界、茶碗的世界，現在日夜勤勉作陶。

道元禪師[2]的金言中，有一句話：「自這頭看了那頭，自那頭看了這頭。」在禪門中，經常使用那頭、這頭、那邊、這邊、那裡、這裡……等這些詞句，它們都是指稱場所的詞。

學習從那邊看這邊，從這邊看那邊的精神，不時改變角度、改變立場，走遠點兒觀看、靠近點端詳，用心謹慎的看好眼前的路，以免踏錯腳步。

2 1200-1253，日本曹洞宗始祖，將曹洞宗禪法引進日本，為永平寺住持。

有些事物，太近則看不清；
有些事物，靠近才能發現。

不論是欣賞景物或回顧人生，
都不妨換換角度和立場觀察，
肯定會發現不同的另一面。

從一輩子的宏觀角度，思考「現在該怎麼做」

連續假期開始的那天，偶然遇上的計程車司機，對我說了這番話：

「我剛才送了一家五口去機場，他們打算在連假時去國外旅遊。有錢人家的孩子真可憐哪，想去什麼地方，父母隨時都能帶他們去；想要什麼禮物，父母也都毫不手軟的買給他們，一輩子都不缺錢。在這樣的環境長大的孩子永遠不知道為自己的欲望踩煞車，想去哪兒就去哪兒，想要什麼就有什麼，一切都是天經地義，這樣的人感受不到喜悅是什麼。

「回想起來，我家連我總共有十二個小孩，父母扶養我們吃盡了苦頭。想吃烤番薯，就算我們有十二個人也只能買兩、三個，大家一起分，每吃到一口，那好吃的感覺，這輩子都不會忘記。吃一口番薯就能得到這麼大的喜悅，都是因為我生在貧窮人家呀。——（後略）。」

我猶如受教於禪家大師的開示，認真傾聽後，忍不住這麼回說：「盧梭說過：『一百個人讓一百個孩童遭遇不幸的唯一方法，就是隨時給其所欲之物，領其往所欲之地。』我們不該放縱自己想做這、做那，想要這、要那的任性，培養另一個能自制的自我才更為重要，而那也是父母的職責之一。」

道元禪師的金言中有句話：「守遠近之前途，營利他之方便。」意思是，我們應在充分考慮到他人的立場，或是孩子未來的前途之下，再思考現在該做什麼事。

行動電話剛開始流行時，好友T禪師曾告訴我這樣一段話。「兒子對我說：『班上的同學都有手機，所以我也想要。』但為什麼需要手機？我和兒子詳談了三天。我認為，並不能因為大家都有，他也要有；大家都有，我就得買給他。沒有這種道理。買給他很簡單，但是不可以這麼做。我和他徹底的討論為何有必要買手機，最後，他終於能夠理解，而決定不買。」

衝動的為他買他想要的東西，那只是溺愛，而不是愛。

聽著T禪師的話，心裡忍不住為他對兒子深切的愛喝采。

有個歐洲家庭在用餐時，孩子不斷吵鬧，他們的父親不但嚴厲訓斥，而且還不准他們吃飯。

在場的E先生說：「會不會太嚴厲了？」那位父親說：「現在不罵他們，孩子的心會死去。但少吃一兩頓飯，孩子的身體並不會死。」

我們應從一輩子的宏觀角度，去思考現下該如何對待他人或孩子，這才是真正的愛，也才是給予真正的幫助。

為對方考慮遙遠的未來，
再決定現下該如何應對。

不可錯以為給予對方現在想要的、允准他想做的事，
就是愛的表現。

因為有泥土，花才能綻放

在千葉縣檢見川遺跡中，發現了三顆沉睡了兩千年的蓮花種子，一九五一年（昭和二十六年）在植物學家故大賀一郎博士的指導下，其中一顆復甦發芽，並且開出花朵。這株大賀蓮經過多位愛好者之手，也分株來到信州無量寺（我五歲起進入的寺院），在小小的蓮池，開出數朵蓮花。

蜻蜓與蜜蜂飛來採蜜，青蛙在蓮葉上安穩沉睡，水中的蝌蚪群集悠游……雖然是個小小世界，轉瞬間我卻發現，它已發展成一個井然有序的共生世界，生生不息著。

小小蓮池立刻就滿了，便將蓮株分家到各地去。有一年，將它分到N家的寬廣大池去。幾年後的某天，N來求告說：「老師，不知道怎麼回事，您好意分給我的蓮花，在我家完全長不大，只處於苟延殘喘的狀態呢。」

我大吃一驚，連忙追問，因為N家的地名有清水二字，我便說：「您家的池水是湧泉吧？想來是水太乾淨了。很可惜，雖然您家的池子是難得的清池，但是蓮花只能生長在泥田中，請您將它移進泥池裡吧。」蓮花移到泥田之後，終於恢復了健康，幾年後，也開出美麗的蓮花。

高原陸地不生蓮花
卑溼淤泥乃生此花

——《維摩經》

這兩句經文的意思是說，在乾燥的高原陸地或清流，蓮花長不出來，只有在泥沼、泥田之中，才會開出美麗的蓮花，所以稱為「泥中的蓮花」，又說「泥多則佛大」。寺廟本堂的須彌壇上，也擺著一對木蓮花，古來佛教的教義一向以開在泥中的蓮花來做比喻。

不妨先聽聽蓮花向你訴說的話語吧。第一句話是個問題，它像在問：「你討厭泥巴嗎？」

泥巴這個詞象徵著我們的心抵抗不了的事物，而你是否想逃離呢？健康雖好卻敵不過疾病，有收穫最好，但討厭吃虧，成功雖好，但承受不了失敗，有愛雖好，但很想逃離怨恨。我的周邊也有種種情感的泥渦，我心中也有一股泥巴偶爾會噴發出來，那些淤泥連我自己都想轉開視線……。只想無窮盡的追求花季，卻討厭泥巴，想轉開視線、想要逃走。

蓮的第二句話要說的是：「泥土很重要，它是材料，沒有泥土，就不會開花。但是，雖然沒有泥就不會開花，但泥並不等於花。」蓮花若是開出爛泥的顏色和氣味，任誰都會不屑一顧吧。正因為它沒有保留泥土的模樣和氣味，反而開出清新芬芳的花朵，世人才會歎賞愛憐。

佛教雖為因果論，但也重視因緣。我們可以將人生的苦難比喻為泥，而從這苦因會招來什麼樣的果呢？

「不是『我從苦難中得救』，而是『苦難解救了我』。」

這段話出自在梵蒂岡輔佐羅馬教宗的尻枝正行神父，寫給作家曾野綾子的信。

「傷口雖有大小，但傷口就是傷口，自己的傷口不是借來之物，應要好好關注。」

這是淨土真宗的傳道者，同時也是醫師——米澤英雄的名言。名為「苦難悲傷」的污泥，成為一個因，在這些苦難的引導下，我們的心伸出了觸腳，認識了名為「良師善教」的緣，於是泥土化為肥料，開出美麗的花，也結為果。

某天，一名行腳僧哭著來找我，他與道友相處不睦，有了齟齬、摩擦，行腳僧一直懷著愧疚，認為自己幼年時期，在父母身邊成長的環境有問題，最後他說：「我和大家處不來，都是因為小時候成長的環境不好的關係。」

我抱住行腳僧，大聲呼喊：「你將與眾人不睦的原因，怪罪到小時候扶養你的父母，就能解決問題嗎？你不就是因為那段悲苦過往，才會出家、求道，因而認識了佛法如此美好的教誨嗎？你應多鼓勵自己，要讓別人看到你的改變才是呀。」

把苦難和污泥，當成我佛慈悲的禮物，歡喜的接受吧。若沒有伸出觸腳、若沒有真正的認識，即使在師父跟前聽教，也聽不進教誨吧。在良師、善教之緣的引導下，將泥轉化為肥料，才能一步一步走向開花之路。

每顆苦難的種子，
都會開出美麗的花朵。

將病苦、失敗、悲傷、恨意都轉化為肥料，
讓人生開出美麗的花朵吧。

站在別人的現在，想想未來的自己

經過多次幫人諮詢的經驗，我發現了一件事，那就是「偽大人」急速增加。這些人只有年齡和身體是大人，精神上卻完全還是小孩。到了二十歲之後，身體雖已長大成人，卻未必是大人。若是精神上尚不成熟的話，即使長到四十歲，還是不折不扣的小孩。

這種偽大人結了婚，很可能瞬即便要鬧離婚。連自己的事都處理不好的「假小孩」一旦生了孩子，便會被自己的孩子擺布，最後搞到精神衰弱。

有位新婚不久的婦人來找我做心理輔導。她條列了一堆對方不為她做的事，說丈夫不愛她，不為她做這個，也不為她做那個，他有種種的不該等等。我便開口問她：「妳真心愛妳丈夫，每天都為妳丈夫做他想要妳做的事嗎？」那婦人搖搖頭說：「他既然不愛我，我也不想為他做任何事。」我不假思索的說：「這麼說，你們倆等於是半斤八兩嘛。妳根本沒有資格責怪妳丈夫啊。妳不妨換個立場想想，若妳是男人，娶到一位像妳這樣既不愛他、也不為他做任何事的人為妻，妳會愛護她嗎？

「責備妳丈夫之前，妳應該先愛他，盡己之力為他做該做的事。妳希望他為妳做的，也就是他希望妳做的事。妳若希望他愛妳，他也必定希望妳愛他。妳不妨從自己開始，先盡己所能的為他做好自己的本分吧。」

江戶時代初期，網干（姬路）龍門寺，有位禪師名為盤珪永琢。

有一天，一名老婦來向他抱怨自己的媳婦。禪師耐心的聽完她的怨言，當那位老婦放下心頭重擔、心情輕鬆的時候，只答了一句話：「婆昔亦為媳」，意思是：「老太太，您也有當過媳婦的時代呀，那本是您舊日的模樣、您自己走過的路呀。」

老婦這時吐完了苦水，將心頭清理得一乾二淨，便坦然接納了這一句話。

另一天，媳婦也跑來向他抱怨自己的婆婆，禪師也耐心的聽完她的怨言，最後也贈她一句：「媳亦將為婆」，意思是：「有一天妳一定也會成為她人的婆婆，那是妳明天的模樣，妳的將行之路呀。」

媳婦這時將積藏已久的苦水說給禪師聽，心裡做好了整理，因而輕易的接受了這句話。也就是來時路與將行之路，接受昨日之我、明日之我的樣貌，並且將心比心。

懂得站在丈夫的立場想想、站在婆婆的立場想想，站在「有我這種母親」的兒子立場想想、站在對方的立場想想，會這樣思考的人，才叫做「大人」。

欲他人為己所為之事，
亦是他人欲己所為之事。

責備對方之前，要先改變自己的行為。
懂得站在對方的立場設想，才是成為「大人」的條件。

歷史怎麼看？神佛又怎麼看？

尻枝正行神父，是羅馬教宗身邊一位了不起的人物。他在羅馬接見我時閒談了片刻，當時神父說的每句話，都鮮明刻在我腦海裡。

「聽說我的外甥要來羅馬留學。我不喜歡『勉強』[1]這兩個字，好像帶有『強迫努力』的意思。所以我對他說：『羅馬雖已滅亡，卻是充滿不滅之美的都城。你用心去玩玩吧！』」

1 日文中，「勉強」為學習、用功的意思。

「梵蒂岡及羅馬的人民，並不害怕同時代人的眼光，卻害怕歷史的眼光。他們擔心歷史會下怎樣的審判，抱著這種心情來思考今後的處世之道。」

歷史的眼，換個說法就是神的眼吧。神父的智慧之語說：「已滅亡城市的不滅之美」，其真意為何，我還在努力摸索。

羅馬留下有兩、三千年歷史的古遺跡，對現代的生者而言，有些人覺得只是一種阻礙。若是日本人的話，早已將之拆除殆盡了。羅馬人卻謹慎鄭重保存下來，或許是因為他們總是抱著傾聽歷史的態度吧。

羅馬郊外有一所多米內・庫奧・巴蒂斯教堂。約兩千年前，暴君尼祿以各種殘忍的手段，迫害基督教徒。為了讓基督教保留一線生機，彼得在信徒的幫助下，逃到羅馬郊外。就在此時，上升中的朝陽卻未入天際，金色的光球反而從高處墜落，掉落在道路上。彼得因此停下了腳步。

陽光之中有個人影朝他走來，彼得不禁發出狂喜的驚呼聲。

「哦——基督……。庫奧．巴蒂斯．多米內……」（主啊，祢要去何處？）

基督的幻影回答：「你拋下了我的子民，所以我要去羅馬再釘一次十字架。」

彼得匍伏在地，不久，才顫抖的拿起朝聖的枴杖，掉頭回到七個山丘的都城。彼得迅即被捕，他認為自己不配與主耶穌一樣釘在十字架上，便要求自己倒掛十字架殉道。後人便在他殉教之地，建起聖彼得大教堂。

波蘭作家軒克維奇（Henryk Sienkiewicz）以這段史實為題材，寫下歷史小說《祢往何處去》，在故事的結尾，他以這樣一句話作為總結：「於是，尼祿去世，如同旋風或暴風或火災或戰爭，或瘟疫離去一般。彼得的殿堂（天主教的會堂）直到今天，仍從梵蒂岡的高坡上統治著都城與世界。」

令人拍手叫好的一句話。它真正表現出以歷史的眼光、神的眼光來看待時，將會是什麼樣的景象。

暴君尼祿極盡奢華建立的洞窟風格宮殿，成了名為金宮的廢墟。而捨命守護信仰，被尼祿殺害的彼得，卻成為第一任羅馬教宗，他的偉業被人傳頌至今，而建於當地的聖彼得寺院，現在成為教宗寶座所在，立於天主教徒的至高之處，君臨全世界。

從短視的角度看，彼得輸給了尼祿，尼祿王用盡全力終獲勝利。但歷史的審判卻是相反的，由盛衰興亡編織而成的歷史、「滅亡者」訴說的永遠不滅真理，究竟是什麼呢？

「庫奧．巴蒂斯．多米內」不只是老使徒向主耶穌幻影提出的問題，也提醒我們，人生中隨時問著：「主啊，祢要去何處？」、「佛想要我做什麼？」的重要性。

「亞當和夏娃吃了禁忌的果實，而被逐出伊甸園，但那是因為人類有了判斷力，才被趕出神之國吧。」

這句話是我們尼僧堂的上師——大雄山最乘寺的前住持余語翠巖師父說過的話。藉由改變立場而翻轉善惡，乃為人的標準，並非真正的善或惡。所以我想應隨時隨地問神或問佛，再踏出現下的每一步。

不害怕當代人的眼光，
而要害怕歷史的眼光。

我們不應受限於眼前的事物，
而要思考永恆不滅的真理是什麼。

走另一條路，成為另一個我

江戶末期，有位風外本高禪師住在大阪的破廟裡。某天，富豪川勝太兵衛前來求他指點迷津。太兵衛抱怨了許多煩惱，這時一隻虻飛了進來。

虻從關不牢的門縫中飛進來之後，又加足了馬力，想往另一個方向飛出去，然而牠撞上了窗子，失去意識墜落在草蓆上。過了一會兒，牠蠢動著醒來，又撞到同一扇窗子後落地，一再重複這樣的愚行。

禪師的目光一味盯著虻看，到底有沒有把太兵衛的話聽進去，沒人知道。太兵衛按捺不住，不禁開口說：「禪師似乎很喜愛虻。」

禪師云：「哎，真是對不起。不過，那隻虻實在太可憐了。這座廟是出了名的破廟，窗子和紙門都破了，門也關不嚴實。其實從哪兒都能出去，牠卻以為只有這兒能出去，一再的一頭撞去、一頭撞去……這樣下去的話，肯定會死啊。

「但是，可憐的不只是虻，人也常會做類似的事。」

禪師藉虻而說的這番教誨，令太兵衛如夢初醒，他立刻把頭貼在草蓆上說：

「謝謝大師指點。」

禪師若無其事的指導，讓太兵衛意識到自己只是一隻虻，因而幡然發現另一個自己，後來成為虔誠參禪聞法的弟子。

評論家田中忠雄老師，曾向代表曹洞宗的澤木興道大師參禪，他在某個公司演講時說了這段故事，幾天後，該公司的女職員寄來一封信。那封信是這麼寫的：

「我深愛著一個男人，但因為某些緣故，無法與他結婚，心中絕望至極，決定一死了之。我整理好公司的工作，心想回家後就去死吧。課長說：『今天有演講，你去做一下招待。』我茫然坐在服務臺時，突然聽到這段虻的故事。那一剎那我領悟到：『啊，我就是虻呀。』我頓悟之後，便油然生出活下去的勇氣。老師是我的救命恩人。」

田中老師立刻回信道：「你的救命恩人不是我，而是虻。未來的人生還有很多曲折起伏，若是又走到了死巷，請記得念南無阿虻陀佛，而不是南無阿彌陀佛。」

「我只是一隻虻啊。」領悟到這點的我，並不是真的虻。從這個故事可以學到兩件事：

第一，虻以為「只有這裡能出去」，便拿頭去撞。請改變一下角度。不要只看前面，轉動你的眼睛，看看右、看看左、看看上、看看下。再改變一下姿勢。故事告訴我們，不論哪裡都有出口哦。

另一個教訓是，人一旦遇到悲傷、痛苦，就會停下來回過頭去，誕生出另一個自我，回想自己一路行來，到底哪裡做錯了。想要意識到自己只是一隻虻，就必須具備不是虻的眼光。讓只是虻的自己，與不是虻的自己對話。

今天的小雪也降著
在玷污的悲哀上
今天連風也吹得過猛
在玷污的悲哀上

——中原中也

唯識學的泰斗太田久紀老師說過：「若想知道污穢之所以是污穢，就必須擁有不污穢的東西。」

正因為不污穢的「另一個我」覺醒過來，才有了中原中也的這首詩。了解污穢為污穢，而可以為污穢悲傷，即是另一個無垢清澈的自己，覺醒過來、大大成長的證據。

這「另一個我」在良師、善教、益友的引導下，會如何成長茁壯呢？不妨說這就是修行之必要所在了。

如果此路不通，
就換條路走。

你是否只看前方，
固執的認為「只有這條路可以走」呢？

唯有走出人生，才能展望人生

我去美國巡迴傳道之旅的某日，有機會一訪尼加拉瓜大瀑布。伊利湖流出的水被山羊島一分為二，一條越境成為加拿大瀑布，另一條成為美國瀑布。兩條瀑布相距不遠，可收入同框之中。落入瀑潭的水立即匯流成尼加拉瓜河，而且據說河流的中央就是國境線。

兩條瀑布的管理單位都發給我們尼龍的防雨布，用它包住全身。其中一條瀑布，我們走到附近參觀，另一條，則坐船巡遊。美國的瀑布寬度三百公尺，加拿大的瀑布呈馬蹄型彎曲，但寬達約七百公尺，十分壯闊，然後從五十公尺高的地方傾瀉而下，因此激起之風壓和飛沫的猛烈，實在超乎想像。

我們簡直像在暴風雨中咬牙勉強前進，別說仰頭欣賞瀑布了，連眼睛都睜不開，只能小心翼翼地注意，不要踏到濕滑的階梯。好不容易終於走到山腳的平坦道路，這才第一次欣賞到瀑布的全貌，並且互相驚奇的說：「啊，我們剛才走過那裡呢。」

我想：「若不走近瀑布，從它下面鑽過，就無法了解它的猛烈氣勢。走進其中時，雖然看不見瀑布的全貌，更看不到大膽走過其中的自己，但走遠之後，不但能遼望整體的景致，也看得見身處其中的自己了。

「只從遠處看，無法了解它源源不絕的激烈，只在其中，則無法看遍全體，兩者缺一不可。

「人生也是一樣。如果身處暴風雨中時，也能時刻不忘自遠處觀看的冷靜、客觀性和智慧，撇開暴風圈裡的自己和自己的苦惱，照著每天的日子這樣生活，該有多好。」

「坐禪就像是登上可遠望四方的高山。」

這是澤木興道禪師說過的話。身處瀑布之中時，光要穿過它便得耗費十二分心思，別說是沒有心情眺望周圍，連瀑布和自己的身影都看不到。

離開了瀑布和其中的自己，才能真正看到整體的樣貌。自己的人生也是一樣，當你只是埋首其中，追逐逃避幸與不幸，便看不見身處其中、千辛萬苦的自己。如果沒有培養另一個自己的眼光，站在遠處，冷靜凝視，而只是待在苦惱中掙扎喘息，就無法正確的踏出眼前的每一步。

不走出瀑布，就不能看到瀑布的全貌，不走出山，便看不見山的整體，同樣的，不走出人生，就無法展望自己的人生。怎麼樣才能走出人生呢？我想起澤木大師的高徒——安泰寺內山興正師父說過的話：

「在房間裡放具棺材，得意忘形的時候、找不到出口的時候，到棺材裡躺躺，從那裡回首看看自己吧。」

把自己抽離，冷靜凝視一下吧！

身在山中，就看不見山的全貌；
如果在苦痛中殘喘，
也看不見苦痛的真相。

第二章

人生如圓，終點亦是起點

將磨難當作養分，讓人生往下扎根

圓相是禪畫中經常出現的主題。它不是文字，而是象徵性的表現，所以隱含多層意義，而透過作者的題辭，可以探尋作者的內心。

我最欣賞的圓相畫軸，是余語翠巖師父揮毫所題：「無始無終，圓與大虛同之」圖。

畫出的圓相雖然有始也有終，但圓起初既無始也無終。無始無終，換句話說，就是不論按住哪一點，它都既是終點，同時也可以是起點。

我們別用直線來思索人生，試著用圓相來思考吧。不論按住哪一點，都會是終點，這個道理可以學到兩件事：

一是，不論按住哪一點，其結算出人生到目前為止的樣貌，便是今日當下我的樣貌，上天給予所有人公平的財產，那就是一天二十四小時、一年三百六十五天的時間。

這一天二十四小時的財產，有人只把它當兩、三小時在用，也有人把它當成三、四十小時，過著高密度的生活，有人用黑暗填滿它，也有人用光明填滿它，不同的用法，人生也會大不相同。這樣的人生累積了三十年、五十年、七十年後，總結算時的樣貌，就是現在我們彼此的樣貌。想過什麼、說過什麼、做過哪些事，一項一項都一點也不含糊的，成為無形的鑿子刻出你的人格。它從內在散發出來，成為穿衣、化妝無法遮掩的氣質表現出來。

相隔多年後，我參加國中同學會，以前其貌不揚的同學，現在充滿深沉靜謐之美，相反的，曾經亮麗出眾的同學卻變得暗淡不起眼。幾十年不見，每個朋友的生活方式都引人深思。

充滿歷練的朋友，其人生未必是幸福的。我想：「他必定吃過很多苦，而將不幸的變故轉化為養分，才能把人生變成深刻豐富的經歷吧。」

「所謂佛法，就是改變吾人的眼、耳、頭。」

這是澤木興道師父說過的話。澤木師父年幼時即失去父母，後來扶養他的叔父也過世，最後是花街後巷的澤木家收留了他。有一天他在街頭遊盪時看到一個男人死在路邊，領悟到：「死神不知何時會來接我，想躲也躲不了啊。」又想：「父母、叔父相繼過世，我卻還不醒悟，所以菩薩才讓我看見這驚心動魄的場面。」於是決定出家。

能把在街上遊盪時看到的死者都當成菩薩的化身敬拜時，澤木少年的心裡也刻入了菩薩、刻入了光明。面對一般世人看到了只會嘲笑的事物也是一樣，問題不在對方，而是自己如何全然領受。

女人們坐著　來來去去
年輕的女人很美
但老去的女人　更美

——惠特曼

年輕等於美麗，並不足以自傲。「老去的女人更美」，並非沒有皺紋才美麗、並非沒有白髮才美麗。一個人如何面對一條條皺紋、一絲絲白髮，和過去的人生？他的生活姿態，發出暗暗的銀光、人格的光輝，也就是「老去的女人更美」的意思。

我曾有機會與前藝大校長平山郁夫教授對談，他說：「一幅畫，展現的是畫家如何度過過往人生的總結。」又說：「畫畫不是技術，只是畫家把平時學會的東西、累積的東西發揮出來罷了。」這些話都深深刻在我心裡。

其實真正的重點是「我的人生如何度過」，而它卻可以透過一幅畫自然而然流露出來。

早稻田大學的美術老師會津八一，也是詩人，他給朋友寫了：「與您偕同，留心自己，盼能成為美人」的詞句。希望彼此都能日日注重生息，成為完美之人。

由過去至今所做的選擇，
累積起來就是現在的你。

如何使用「時間」這份財產，全由自己決定。
累積起來的氣質會從內在散發而出。

以「珍惜自己」的方式生活

謊言難以形容地會改變一個人
應珍惜自身之可愛

這是島秋人的詩，他在三十三歲時遭到處決。我與他一樣，身心乃兼具鬼性和神性的一切特質，有緣結識後，他因而轉變為懂得珍重自己生命的人。因此，我常常把他的故事說給自嘆無法改變的年輕人聽。

島秋人生於滿州，戰後與父母一同回到日本。後因生活困頓，難耐飢餓而潛入農家，卻遭到婦人抗拒，竟一時失手將她勒死。身繫囹圄成為死刑犯時，終於有機會安靜回首自己的人生。

三十二年的生涯中，他只有在國中時得到美術老師的稱讚，他想起老師說：「你的畫畫得很差，但構圖很好。」懷念之餘，便從獄中寫信給老師。老師也立刻回了信。那封信中附了師母寫的詩。因為這首詩的機緣，他開始跟隨詩人也是國文學家窪田空穗學習作詩。在詩的引導下，又因為認識了基督教，人生觀也大為改變。

驀然領悟自身擁有的善良
它是神所賜予的生命

想幫助社會的死刑犯之眼
也許沒人想要

雖然已經太遲，但他領悟到生命的尊貴，於是希望能做點什麼好事再死。然而身在獄中，什麼事都做不了。他想到自己才三十三歲，眼睛還很年輕好用，便聯絡眼庫，希望在死刑之後，捐出自己的眼角膜。然而，又擔心若是別人知道捐贈者是死刑犯，會不想要吧。……這樣的懸念傳到了我這裡。

某寺的本堂上掛著一幅寫有「五尺之軀　借用證書」的匾額，我不假思索便抄給了他：

「煩惱具足之身，借用作為聽聞佛法之用，然身處生死難料的世界，隨無常之風，隨時皆可返還。云云」

寄信人為「娑婆國之念佛行者」，收信人為「閻魔大王殿」。「煩惱具足之身」，指的是我這副既有鬼性也有佛性，所有材料一應俱全的身心。首先要用於何處呢？如果真正愛惜自己的生命，鬼就不會出來，非得請出佛來才行。島秋人也必須選擇最好的生活方式，必須將「神所賜的生命」，善自珍重。因此必須結識好因緣、遇良師，透過良師，得到善教，來培養眼光。因此，想暫時借用一下這副身心。

我想到詩人八木重吉的心：

大家都去找尋最美好的事物吧

然後留心別汲汲營營於無價值的事物吧

希望能做些好事後再死去。

成鬼亦可，成佛亦可。
遇到好因緣，人生就能轉變。

宛如明天將死般活著，彷彿永遠活著般學習

親朋好友相繼踏上黃泉之路，我對來弔葬的客人說，葬禮的其中一個意義，是往生者傾盡身心想送給在世者一句最後的遺言。將這句話銘記在心，並且將那句話實踐在每天、每件事的生活上時，才能算是真的領悟了往生者的遺言。那句話說的是什麼呢？我想應該是：

「誰都會死，你也一樣。這一天必定會來臨。沒有預警，也不能延後。所以你每天、每一刻，都要像那一刻隨時會到來一樣活著。」

佛陀曾以「四馬的譬喻」來說法。第一種馬，看到馬夫舉起馬鞭的影子便開

始跑，這種馬稱為駿馬。第二種，是鞭子揮到馬毛便開始跑的馬。第三種是鞭子碰到馬身便開始跑的馬。而第四種是鞭子打到骨頭才終於邁開步伐的馬，這便屬於駑馬之流。

佛陀到底想說些什麼呢？

聽到遠處的村莊或城鎮有人亡故，就把它當成自己的事、虔心生活的人，屬於第一種看到鞭影便開跑的馬。聽到自己村子或城鎮裡的噩耗，會坐立難安，認為下一個就是自己的人，屬於第二種馬；而見到自己的親兄弟過世，雖然已經遲了，但還是有所領悟的人，算是第三種馬。最後，要到了自己承受病苦，才終於體會來日無多的人，便屬於第四種馬。（出自《雜阿含經》）

參加葬禮必須學到的一點是，把往生者最後的遺言放在心裡，過起活在當下，「隨時可以離開」的生活。

今川透師父，是石川縣小松市淨土真宗的住持，有一天他寄來一封演講的邀請函給我。信中寫著「得了癌症，在病床上，腦中浮現出『㐅』這個文字。」「生」字最後一筆「一」與「死」字第一筆「一」合而為一，形成一個字，他從這個「㐅」中學到什麼呢？

總之，我先查了一下最近的日程，約定了十個月後的時間，心裡默默祈禱著：「請一定要活著等我來。」今川師父真的等到我去了。他滿心喜悅的見到我，第一句話便是：「今年春天，癌細胞轉移，變成肝癌了，我本以為沒救了。不過，老天還是讓我留下來，所以今天才能在這兒迎接青山師父。」住持的夫人仰望著他，流淚說了一句話，讓我難以忘懷。

「住持多虧得了癌症，終於成為真正的修行人了。……」

我不禁呆望著夫人，不知該說什麼。這句話有些不得體，卻是擲地有聲。被告知死期將至，讓人遲來地領悟到生命的尊貴，認真思考應該如何活出這個生命，不得不急於全力面對。若忘了死的話，也會對生無感。以為人生能夠長長久久的人，即使活得長壽，最後也只過了一事無成的一生吧。

將一輩子心血投注在教育上的東井義雄老師曾對我說：「活著就是擁抱將死的生命。」並不是只有罹患癌症等絕症、被告知死期將至的人，或監所裡收容的死刑犯，才是死刑犯。

人、也就是所有活在世上的生物，都是死刑犯，無一例外。不論老少，不管生病或健康，死亡都會沒有預告、沒有遲到的來臨。謹記著人生就是時時刻刻與死亡相鄰，那也是「尭」這個字想要透露的意義之一吧。

前一節中提及的「五尺之軀　借用證書」中「隨無常之風，隨時皆可返還」的意思，也就是不斷向自己的步履質問：有沒有認真活在當下，採取「隨時可以離開」的生活方式？一如印度獨立之父穆罕默德・甘地說過的話：

宛如明天將死般活著。
彷彿永遠活著般學習。

若忘了「死」，也會對「生」無感。

不論是誰，
死亡都會毫無預警、不會遲到的前來拜訪。
沒有意識到死亡的人生，
也會是一事無成的人生。

遇一行，修一行

年輕的時候，曾帶著客人遊上高地。在梓川河邊開了茶會之後，又從河童橋走到明神池。

這是我第一次去上高地，從林間看到的穗高山，姿態婀娜，隨著步履變化山容，清澈見底的梓川水流令人心曠神怡，在石陰處綻開的高山植物，嬌美的模樣令人憐愛。在深奧樹影中婉轉鳴叫的小鳥也令人喜悅。隨著鳥叫聲和花香拂來的風，也清爽愜意，每走一步都享受著無盡的愉悅。

但是，同行的大多數成員，目的都只是到達明神池，一路氣喘吁吁的說：「好遠呢，還沒到嗎？」不但沒欣賞難得的風光，更聽不見鳥鳴聲。我突然覺得：「人生的旅途也是一樣。」

人生的旅途也有各種各樣的狀態在等著，有喜有悲，有不該發生在我頭上的事，也有真令人想逃離的事。我們被這些事物擺布，時喜時憂，時而追逐，時而逃走，時而求助，時而得意忘形，時而沮喪低落……總是慌得六神無主。但是，不論遇到什麼狀況，都不要追逐、不需逃避，也不要發牢騷，把它當成重要關頭，屏氣凝神的去面對，然後往前一步，把它當成一幅景色，積極的去欣賞吧。因為電車旅行時，景色也是有變化才有趣。

下坡有下坡的風光

這是學佛詩人榎本榮一先生的詩作。我們在人生旅途中，一旦走到下坡，便會覺得「怎會落到這般田地」，於是方寸大亂，什麼事也看不見。這首詩就是告訴我們，不妨欣賞只有下坡才看得到的景色。若是墜入谷底，就去欣賞、體會只有谷底才有的風光。

一茶大師傳下來的詩中，有一句是：

蝸牛　不論葬身何處　都是吾家

不管是下坡、谷底、上坡或是高山之上，任何地方都在佛的手中，無一例外。

道元禪師以「遇一行　修一行」來提示這樣的生活態度。應將人生的目的，放在現在、當下的每一步，而非像走到明神池那樣遠的目標。不論哪一步、哪一瞬間，都應謹慎處之，把它當成我們生命中無可取代的步履。

茶道弟子H先生得了癌症，有一天他要我寫下「遇一行修一行」給他。我十分驚訝，心想：「他已覺悟要修行『癌』這一行嗎？」，立刻運筆寫下交給他。H先生將它掛在枕邊，修行了幾年，在今年的初夏，踏上旅程……。

內山興正師父經常說：

「人生走到最後，等待我們的，不是遠離俗世的狀態，而是俗世隔絕我們的狀態。應一心不亂、態度莊嚴的去面對俗世隔絕自己的一行，人生的價值乃從此體現。」

不管能不能戰勝自己的心理，完成「遇一行修一行」的功課，都不是那麼簡單的事。而這也是一種「隨時可以離去」的生活態度。

這章的開頭說到「試著以圓相來思考人生吧。在圓相上不論按住哪一點，都是終點，也同時是出發點。從它是終點可學會兩件事。一是『將活到今日的人生加以總結的姿態』」，這在前面已經闡述過了。另一個學習則是「採取活在當下的生活方式，準備好隨時都能離去。」

即使下坡，也會有好風景。

人生的旅途上有層出不窮的狀況。
不要討厭下坡，
去欣賞只有下坡才能體會的事吧。

隨處皆可安身，但在那裡該如何生活？

有一天，送來了死刑犯的限時信。「我的生命來日無多。如果您有意回信，請盡快」，後面又添了一句「我這身軀　鬼佛共處」。我立刻寫了下面三句話給他寄去。

一、隨處皆可安身，但在那裡該如何生活？
二、人生的目的不在活得久，而在活得好。
三、活得好，即是領悟到現在並不好。

先從第一點來思考吧。「隨處皆可安身」，在一般人的想法中，可以說監獄不是好地方。世人會認為，有的地方好、有的地方盡可能別去。但是，讓生命存續的條件並沒有不同。監獄裡的空氣沒有比較稀薄，陽光或爽朗的月光也並非照不到。讓生命存續的條件，與任何地方都完全一樣。

晴朗無邊，不知身在其中
蒼穹懷抱，雲之嬉遊

——俊董

雲朵時而狂亂猛烈、時而靜止像在做夢，或者有時染成紅色、有時鑲了金邊，美不勝收……，不論它變成什麼樣的狀態，都是蒼穹懷抱中的起居坐臥，就如同人也在佛的手中起居坐臥。這是一首以天空和雲朵比喻生命狀態的詩歌。

孫悟空雖能飛到天涯，卻還是逃不出如來佛的手掌心，這是個有趣的象徵故事。不論人在什麼狀態，都只是在佛祖手中起居坐臥，不會改變。所以，我才說隨處皆可安身。問題只是，在那裡該如何生活？

我這身軀　鬼佛共處

我們彼此都具備佛性與鬼性的一切材質，視條件狀況而展現出來。即使慈悲如佛陀，或是多年的修行者，一旦壞條件齊備時，也可能殺人，這就是人性。

相反的，一個人即使凶惡成性、人人畏懼，也可能因時因地而做出佛陀也相形見絀的善舉。我曾聽過，有個嫌犯逃命時，看到幼童跌入河裡就快溺死了，不假思索地縱身跳入水中救人。

如同親鸞聖人[1]曾說「應作之業緣若催時，任何行為亦作之。」我具備一切需要運用的材質，因此我常常提醒自己，畢竟人生只有一回，不能重新再來，所以就算勉強自己，也要搬出佛性；就算勉強自己，也要互相關愛；就算勉強自己，也要露出微笑。

三天兩夜的參禪會之後，一名老婦人留下來尋求指點，她說起屆齡退休後，與丈夫兩人生活上的不如意，婦人的表情漸漸變成惡鬼，最後甚至迸出：「我想殺了老公！」這句話。於是我說：

「妳與他共度了三、四十年的人生，最後用這種方式分別太悲哀了。其實只要離開他就行了，不過，既然都要結束了，妳何不展現出最完美的樣子？只要三天就好。

「你們長年生活在一起，妳丈夫喜歡什麼，妳應該比誰都清楚。妳就用心做些丈夫喜歡的東西，反正只要三天就行了，做出最完美的表現後再分手。」

這老婦天真地問：「三天就行了嗎？」我答：「三天就行了。」「這簡單，我做做看。」婦人說畢便回去了。她大概真的照著我的話去做了。第二天一大早，我接到她丈夫打來的電話說：「我想見見師父，看您是如何用三天（尼僧堂的參禪會）就能造成這麼大的改變。」此後，兩人相偕度過參禪聞法的晚年。

若是自己改變，世界也會跟著變。不求別人改變，而是自問能做出什麼樣的改變。人生只有一回，我想要只拿出佛性、不使出鬼性地度過。

1　1173-1263，為日本鎌倉時代的僧人，淨土真宗的祖師。

如果自己改變，
世界也會跟著變。

人生只有一回，
我想要只拿出佛性、不使出鬼性地度過。

活得好，即是領悟到「現在並不好」

前一節提到我寄給死刑犯的第二句回答是「人生的目的不在活得久，而在活得好」。重點不在長久，而是品質，我們就來思考一下這句話。

若人壽百歲（即使人有百歲生命），
怠惰不精進（但若懶散怠惰不努力），
不如生一日（則不如即使只有一天生命），
勵力行精進（但努力精進者）。

——《法句經》1

人類的平均壽命年年攀高，當現今社會上熱烈討論「後期高齡者」的稱呼是否適切之時，希望大家傾聽佛陀說過的「認真活過一天，勝過糊塗百年」，以及道元禪師的話：

「若徒為百歲生，則是可恨之日月也，可悲之形骸也。縱使百歲之日月與聲色之奴婢相馳走，然則，若行取其中一日之行持，則非但行取一生之百歲，亦可度取百歲之他生也。」

「與聲色之奴婢相馳走」指的是人之主體的六根——眼耳鼻舌身意所相應的

色聲香味觸法六境，想看、想聽、想吃、想得、想惜的欲望，占據主人的座位，為了滿足這些欲望，吾人便成為欲望的奴隸東奔西走，白白浪費一生。

與其百年都如此度過，不如讓自己成為主宰，調整自我，將追求欲望的方向，轉為求道的方向，或是多少有助於世人的方向，即使一天也好，人活在世上，只要有一天遵從佛道，就是無比的寶貴。這就是整段話的意思。

若是流轉的人生總是懷抱凡夫的思想，則即使一再重複萬劫千生的生死，也難有希望自永劫之中獲得解脫。但若在人生之中，能夠認識真誠的師長、學習真誠的教義，那麼即使只有一天能夠轉變方向，追求真實的生命，生生世世便能獲得真實的幸福。這就是所謂「亦可度取百歲之他生也」。

1 原書是按友松圓諦譯釋的法句經，中文版則是找出原文，並夾註日文直譯。

大師有云：

應自問活得如何，而非活得多久。

——俊董

接下來再思考第三句「活得好，即是領悟到現在並不好」的意思吧。

「祈求活得好」與「認為活得好」的意思並不相同，我們人必須永遠抱著「想活得好」的誓願，但若是認為「現在活得好」，那就只是過於自滿了。

縱使千歲中只有一天，

也應盡力追求真理之道。

此乃一生清貧，捨棄一切的良寬[2]和尚所寫的詩。澤木興道師父說：「只有神智醒覺，才能看見自己的貧瘠。」自己的眼看不到「不好的自己」、「不守佛道的自己」，和「貧瘠的自己」，若無教義之光照射，便看不見，也覺察不到。

瓷器與／瓷器
一旦相撞／立刻就破了
如果有一方／柔軟一點的話／就不會產生問題
讓我們有一顆／柔軟的心吧

2 1758-1831，江戶時代禪門曹洞宗僧人。

我經常將這首相田光男的詩，送給新婚夫妻，但都會再附加一句話：如果你覺得「我的心很柔軟，但對方是瓷器」的話，那就證明你的心是瓷器。如果兩人都覺得自己的心很柔軟，卻變得互相對抗，此時若有一方能意識到「原來我才是瓷器」，那才會是柔軟的心。

有句話說：

松影之黑乃月光也

松樹屹立，而我們看得到它的暗影，乃是月亮出來的證明。我們原本看不見松樹屹立在黑暗中，也看不到松樹的影子，月光淡時，松影也淡，月光明亮，黑影便會浮映出來。

若是光讓我們發現到自己不曾意識到的錯誤，就必須感謝那道映照的光。察覺己身之非時不加爭辯，而應在照映、引導下，抱著不斷修正軌道的祈願謙虛的活著。

「我活得很好」，乃是自滿，

「希望活得好」，乃是祈願。

了解自己未能意識到的己非，

就能展開新的生活方式。

若有一方能變成水，便不會產生衝突

雖有岩石　亦有樹根　但仍潺潺
只是潺潺　清水流過

這是一生向佛的教育家甲斐和里子寫的歌，我經常祈禱自己能化為水，如空氣一般採取沒有自我主張的態度，卻總是背道而馳，因而用這首歌來提醒自己，也不時對修行僧眾說：

「修行的重點在於『無我』。道元禪師曾開示：『即使坐到坐禪的床都破了，也不能以我來打坐。』

「我以水與冰來比喻吧。水與冰殊途但同源，冰一旦凝結，雖能待在一個容器裡，卻不能放進另一個容器中，強硬放入則兩敗俱傷。而水，不但什麼容器皆可進入，不論多小的縫隙也能滲入，兩方皆不會受傷，它甚至污染自己，令對方清淨。

「一旦凝結成冰，不只是自己的心，也連帶使他人的心凝結，使花和魚也都凝結。而水的話，魚可在其中安家，歌頌生命之歌，也能讓人悠游、載舟而行。

「在佛法的聖光照耀下、在慈悲的溫暖包圍下，讓言必稱『我』的『我』冰融化成水，這種修行，便是修行的重點。

「世人彼此都不完美，總有碰撞的時候，碰撞發生時，我們不由分說總想責怪對方。但是，請想想看，若兩方都為水時，則不生碰撞。碰撞的產生即為雙方皆為冰的證明。毋寧說，多虧對方的冰，自己才能領悟到『原來我也是冰啊』，所以應將對方的冰當成佛祖來敬拜。

「若是遇到討厭的人或討厭的工作，不如把之當成可以凝視心中名為『我』的冰的機會，並且接受它，作為將冰融成水的修行機會吧。」

空氣與水同樣，但其表現的姿態比水更徹底無我。

正如水沒有味道也沒有氣味，不論怎麼喝也不會膩，空氣也是一樣既無氣味也無形體。正因如此，雖然對所有生命而言，就算是一分一秒都少不了空氣，但沒有人會察覺自己在呼吸空氣，又因為察覺不到，所以也不覺得感恩。連它的存在，我們都沒有意識，當然吸再多也不會疲倦。

若是太過意識空氣的存在，每吸一口氣，就想著：「啊，多虧了空氣大人，我才能活在世上」，那肯定是疲憊不堪。越重要的事物，越是以我們意識不到的形式存在，這便是其偉大之處。可以說，這種形式也是眾生處世的最高之道。

從水和空氣的存在形式可以看到，最重要的元素也最偉大，因為它完全不讓人感受到它的存在，沒有自我主張，意即處於無我狀態，同時也體會到這就是世人處世的最完美之道。

越重要的事物，
越是以我們意識不到的形式存在。

試著讓名為「我」的冰融化，
讓自己如水一般柔軟而清爽的活著。

第三章

改變是可能的

地獄與極樂，存乎一念之間

夏天的某日，我前往位於松任的本誓寺商談。本誓寺為淨土宗的古剎，建立至今已有千年歷史。

概觀日本佛教的步履，大約從一千五百年前的奈良朝興起，法相宗、華嚴宗主持的法隆寺、東大寺、藥師寺便興建於此時。接著是千年前的平安朝，傳道大師弘法大師聞名天下的時代，出現了天台宗、真言宗，分別建立本山於比叡山、高野山。時序再往後來到八百年前的鎌倉時代，有親鸞聖人、日蓮上人、道元禪師建立淨土、日蓮、禪宗三派。親鸞聖人為法然上人的弟子，應該在距今八百年之前，怎麼會擁有千年的歷史呢？那就表示它原來屬於天台宗或真言宗了？我提問道：

「貴寶山歷史十分悠久，最初是天台宗或真言宗嗎？」

住持松本梶丸師父答：

「傳聞我寺本屬比叡山末端的天台宗名剎，後來親鸞聖人被流放到越後的途中，因手取川氾濫被阻擋了去路，便在本寺停留了幾天。因崇敬親鸞聖人的德行，本寺便從天台宗改宗為淨土真宗。」

傾聽著這段緣由，令我浸淫在深刻的感動中。一般來說，流放的罪人屬於不受歡迎的客人，他要前往的目的地也是流放地，應該也非什麼好地方。但像親鸞聖人這種道行極高的人物，卻不會把目的地的好壞放在心上，他去的地方、停留的地方就是樂土，就是淨土。從住持的話中，我恍然體會到這個道理。相田光男有一首詩道：

你在那兒／只是靜靜待著
那兒的氣氛／就明亮起來
你在那兒／只是靜靜待著
大家的心／便安定了
我也想／變成那樣的你

有一位高人，只要他待在近處、只要看見他的身影，那兒的氣氛就明亮起來，就溫暖起來，並且讓在場者的心靈都安定下來。而親鸞聖人就是這樣的高人。

相反的，另外有些人只要一進入房間，房間的氣氛便暗淡下來，聽到那位人士的聲音、看到他的尊容，便會心浮氣躁。這麼一想便領悟到，其實彼方並非地獄或極樂，而是吾人的心、及生活態度自己發展出來的想法。

於村落林間，
平地或丘陵，
何處有羅漢（心所在之處），
彼地即可慶。

——《法句經》

佛陀如此說道。目的地不好的原因不在對方，而在吾人自己心之所向，和生活態度，我們必須深有領悟才行。

目的地不好，
乃是自己的問題。

與人相處時，
有的人會令氣氛明亮，
有的人卻令之暗淡。

如何活出過去、開拓未來，都取決於現在的生活態度

擁有千年歷史的松任本誓寺，收藏了傳承下來的多件寶物，二〇一六年七月初，這些寶物開放參觀。參觀寶物之外，寺內也會舉行數天的聞法會，我也去聽了幾次。那時參觀的寶物中，有一幅幽靈的畫，畫者叫做石田幽汀。

日本的鬼，最常見的是眼神幽怨的年輕女鬼。那幅畫也是蓬頭亂髮、眼神懷恨的年輕女子身影。站在那幅畫前，住持松本梶丸師父向我解說：「幽靈有三種特徵。」

第一個特徵是鬼會留著一頭雜亂的長髮在背後，第二點是兩手向前伸出，第

三點是沒有腳。這三點各別有其意義。

留著長長的亂髮，表示對已經結束、無可挽回的過去陰影，拖拖拉拉的眷戀不捨。並不是心裡帶著反省的負擔，而難以忘懷。人是必須反省的，但是，對於無可挽回的事，總是不願意放手，心被拴在了背後，所以用留著長長的亂髮來表現。

第二個特徵是兩手向前伸，代表總是為了不知會不會到來的未來，提前憂慮煩愁，活著的時候總是擔心「若是這樣怎麼辦」、「若是那樣怎麼辦」，表現出向前傾的姿態。

第三個特徵是沒有腳。我們活著，只是現在當下一瞬間的事。當我們說「現在」時，那個現在已經成了過去。而生命便存在於這稍縱即逝的當下瞬間。在這瞬間，人心飛到過去，或是飛到未來，又或是雖然待在當下，心卻跑到這個人、那個人身上，又或是飛到東京或名古屋，心總是不斷逃離現在當下的狀態，就用沒有腳來表現。

原來如此啊，聽完解說，讓我明瞭，鬼不是別人，就是我自己。回頭看看我們活在世上的態度吧。我們常會把陰暗的過去當成心的負擔，總是放不下，因而無法振作起來。相反的，如果有美好過去，而現在不順遂，我們便會想用過去的榮耀來粉飾今日。另外，能否打開未來的前途，端看現在當下的生活態度，但我們卻把重心一味的放在未來，患得患失，或是舉棋不定、焦躁不安。

遇到喜愛的事就去追求，遇到討厭的事就逃避，如意順遂便樂得暈陶陶，但一不如意便失意沮喪，或是東奔西跑到處求救，總是毫無定見、六神無主。

斬斷前後，專注於今天現下，不論現下能否依隨我心，都要正襟危坐，以存亡關頭待之。

不論想活出過去，或是埋藏過去，不論想開啟未來或是封閉未來，全都繫於今日現下的生活態度，這一點望能謹記在心。

你是否會放不下過去，
又或是把重心放在未來？

別逃避不喜歡的事，
或為不如意而失意沮喪，
把現下當成危急存亡的關頭，
好好面對吧。

讓人生從黑暗轉為光明

在京都車站搭計程車，司機對我說：「您是出家人吧，我可以跟您說些話嗎？」我回答：「請說。」

「高中三年級的下學期，我同時失去了父親和母親。他們去聚會時吃了河豚，結果中毒，當晚就過世了。平時母親都會早起幫我做便當，但是那天早上等了好久卻是無聲無息，我感到不太對勁，打開父母的房門，發現兩人承受了無比痛苦之後，氣絕身亡。

「我大驚失色，趕緊去打電話。親戚趕來幫我們辦了喪事。父母雖然沒有欠債，但也沒有一點存款。我下面還有個五歲的妹妹。因為父親曾經出征作戰，我出生的多年後才有了妹妹。房東估量著讀高三的我和五歲妹妹繳不出房租，便把我們趕了出去。我帶著五歲妹妹，拿了幾件必要的行李，租了間廉價的三坪房間安頓下來。

「我想必須代替父母把妹妹養大，便拚命工作。早上去送報紙，白天上班，晚上兼差，沒日沒夜的工作，到了二十二、三歲時，終於存到錢，可以買間便宜的套房。

「那段時期，我腦袋裡成天只有工作，所以洗衣、煮飯、打掃全都交給五歲的妹妹了，我什麼都沒做。我想買個書桌給妹妹用，但是三坪大的房間，若是擺了餐桌和書桌，就沒地方睡覺了。所以妹妹只能把餐桌當書桌用，我雖然心疼但也沒辦法。因為住的房間小，妹妹成了整理專家，現在雖然有緣住在大屋子裡，但還是整理得一塵不染。

「我後來想想，若是父母還健在，我可能變成飆車族或是不良少年，成了沒出息的傢伙。如果父母即使死了還留下財產，就沒有現在的我，又或是如果沒有妹妹，我就是孤身一人了吧。沒有父母、沒有錢，卻有個年幼的妹妹，所以我不得不振作起來。我之所以認真工作，成為獨當一面的大人、成為男子漢，都是拜父母雙亡所賜、拜他們未留財產所賜、拜房東把我們趕出去所賜、拜下有年幼妹妹所賜。每天，我都心懷感謝，在父母的牌位前上香，感謝他們讓我成為一個頂天立地的大人。

「只是，妹妹找到好姻緣、穿上白紗的時候，我哭了。我難過的是，沒能讓父母看到這一幕，所以我只有一個請求，那就是『希望老天讓我活著看到自己的孩子長大』。」

雖然只是短短半小時的談話，他說的話卻比許多大人物更打動人心。我懷著感恩的心下了車。

佛陀說，世間有四種人，「第一種人從黑暗走向黑暗，第二種從黑暗走向光明，第三種人從光明走向黑暗，第四種人則是從光明走向光明。」人生的幸與不幸，可以用光明和黑暗這兩個詞來表達吧。一般來說，父母雙亡，都會被歸為黑暗的一面，這位司機先生卻認為多虧父母過世、多虧父母沒留下財產、多虧房東趕兄妹兩人出去、多虧自己有個小妹要照顧，他才能認真打拚、成為獨當一面的大人，可以說他把別人認為的黑暗，全都當成「幸運」，而變成走向光明的最佳範例。

唯識學的泰斗太田久紀教授說，從佛陀的四種人說法，我們可以學到兩件事。一是「人生可以改變」，但是，世人喜歡從黑暗變成光明，卻不希望從光明變成黑暗。

第二是「改變的主角是我，人生全繫於我今天當下如何生活」。親子、兄弟姊妹、夫妻，有些時候彼此的角色可以互相取代，但自己的人生絕對沒有別人可以取代或幫忙。該如何建構、如何改變自己的人生，主角除了自己之外，沒有別人，我們應該用心將自己的人生導向光明的道路。

我人生的主角，
就是自己。

即使遭遇痛苦，
只要把它當成激勵，
就能助你邁向光明的世界。

愛的語言能改變世界

「我是個垃圾、廢物。」

計程車往前開出時，司機對我說道。

「賺到的錢全都拿去打麻將、玩樂，一塊錢也沒拿回家。老婆從不抱怨，只說『那是老公你賺的錢，想怎麼花隨便你』，老婆為了孩子，自己拚命賺錢，把他教養成人。

「我心眼小，不論去哪裡都要太太『緊跟在我後面』，是很過分的丈夫。自己賺的錢不夠花，還向老婆借錢。有一次，我又對老婆說：『借我錢，』老婆卻說：『哎，孩子爸，我們來喝茶吧。』說著便拿出鳳梨罐頭來。我納悶的想：

『叫她拿錢來，喝什麼茶呢？』

「老婆打開罐頭，裡面塞滿了百圓和五百圓硬幣，她說：『孩子爸，這是我一點一滴存起來的錢，現在家裡只剩這些了。如果你想用，就拿去吧。』這句話彷彿當頭棒喝，『對不起！』我真誠的向她道歉。

「從此之後，我的人生觀有了一百八十度的轉變，現在每個月我會載著老婆，和她的好友，去她喜歡的溫泉度假，算是多少贖個罪。」

我聽聞這個故事，彷彿道元禪師語錄提到「應學愛語常有回天之力」的真實範例，就在眼前發生，於是向司機道了謝後下車。

「回天之力」指的是足以令天子轉變方向的力量，天子說出口的命令，即使明知不可為，也必須為之，所以稱為「綸言如汗」，表示天子之令如同流出的汗水，不可能再收回去。而具有宏偉的力量，能令天子回心轉意的話語，稱為愛語。

中國唐朝享譽天下的名君太宗，曾有這樣一段故事流傳。有一天，太宗下令修復洛陽宮。皇帝興建什麼工程時，就需要徵用大批老百姓。但正好遇到農忙時節，被徵用的農民十分為難。讓百姓為難，對皇帝而言並非好事。於是，皇帝的諫臣張玄素十分真誠的勸諫：「現在不是修殿的時機，」太宗接受了這句忠告，暫停了修築宮殿的工作。功臣魏徵對張玄素不吝溢美之辭的讚嘆：「張公論及公事，乃有回天之力。」

除了道元禪師與魏徵的這句話之外，我還要再補充在另處看到的一句「非明主者，不容忠言也」，這句話是說，前輩、師尊或父母，遭受晚輩、徒弟、兒子指責其非，感到面子掛不住，無法誠懇接受。重點在於該指責是否有道理，若是依循道理，則不論對象是誰，都應遵從，這才是應有的態度，但是，只有明君才能做到。

愛語這個詞讓我想到了一個故事。到印度拜訪德蕾莎修女時，看見修女救濟食物給無家可歸的人，她們的工作就是把麵包和湯遞給每個受助者，而每次救濟時，德蕾莎修女都向其他修女提醒道：

「你們有對每個人微笑嗎？有沒有摸摸他們的手，表達溫暖呢？千萬別忘了簡單的叮嚀哦。」

保持微笑，帶著慈愛的眼神和表情，在佛教中，這叫做慈眼施、和顏施。輕輕的撫摸傳達暖意，透過皮膚把心的溫暖傳達給對方，可以叫做心慮施。一句愛的叮嚀，則是愛語施。

這些動作全是深刻的愛心、慈悲之心的表現，它能安定人心，或是滋潤枯萎的心靈，或具有將方向一百八十度轉變的力量。我盼望大家都能成為用心施愛語的愛心散布者。

有理就能行遍天下。

懷著深刻愛心說出的話，
具有安定人心、讓人轉念的力量。

第四章

選擇良師，與志同道合的朋友同行

未遇良師，不如不學

參禪會之後，一位青年留下來。

「我在孤獨追求學問時，因難耐寂寞，將A氏錯認為正師，因而入了教。沒有識人之明的我犯了錯誤，但很快發現了教祖說話的謬誤，而脫離該教，現在拚命的修正在宗教無知中學到的錯誤看法，請大師教教我！」

這位在大學攻讀宇宙物理學的優秀青年，在我面前嘶聲吶喊著。深夜十點許（因為課程上到晚上十點），沉靜的夜色中，我看著青年求助的眼光說道：「道元禪師有句話：『不得正師，不如不學』（《學道用心集》），意思是若找不到正確的師長，則寧可不學還比較好。他以木匠與木材，來比喻老師與學子的關係，不管木材再怎麼好，若是遇到手藝欠佳、沒有眼光的木匠，也等於白費。但即使木材彎曲、或是有節，只要遇到有眼光、又手藝巧的木匠，也能應用那曲度，活用木節吧。所以，他才會說若是遇不到人生的正師，不如不學。

譬如拔菅草（譬如沒抓好菅草），
執緩則傷手（手便容易受傷），
學戒不禁制（走到邪道時），
獄錄乃自賊（將導致破滅）。

——《法句經》

「這是佛陀說過的話，我年輕時經常上山去拔山蕨菜或菇類，有時不小心腳滑，若抓到的草是菅草或芒草，便會割傷手。人生的旅途上偶有顛躓失足時，但若抓到的教誨是錯的，一生便毀於一旦了。

「然而，問題在於學子沒有眼光，不知選擇的是否是正師。有句話叫『未雨綢繆』，平時就必須用心學習『什麼是真正的宗教』、『什麼是正信』才行。」

《俱舍論》有言：「此中信者，令心澄淨」，也經常聽到人說：「只要有信心，沙丁魚頭也能價值非凡。」雖然也有人說「病由心生」，但心理生病，也可以藉由某種信念而恢復健康吧。然而，若只是所謂的迷信，沒有嚴正的智慧作基礎，一味沉迷，則不可能解決問題。

真正的信，就是見沙丁魚如沙丁魚。不是得意忘形，而是鎮定心思。並非沉醉於某個人、某個信仰、某個宗教，而是徹底的分辨真與假、是與非，正確無誤的安定下來，讓心澄淨清明。唯不可忘了信心必須建立在嚴正的智慧之上。

何者為真，何者為是？若是一改變立場，是非就翻轉的話，這樣的道理，就不是真正的真和是，即使它以神為名也沒有用。只有能超越時間、空間仍永恆不變的道理，才是真正的真理，這一點千萬不可忘記。

有手藝的木匠，
能讓長了死節的木材重現生機。

人生的旅途偶有顛躓，
但若是走偏方向，
一生便毀於一旦了。

世界不是繞著你轉，別只看到自己

佛陀在世的時候，拘薩羅國王是波斯匿王，王妃是末利夫人，他們都十分虔誠的皈依佛陀，有一天，國王深沉凝視自己的內心，一面對王妃說話。

王：「妃子，這世上你最愛的人是誰？」

妃：「陛下，我想，這世上我最愛的是自己。」

王：「是嗎？妃子，我也這麼認為。」

一般人的話可能會說：「我愛你更勝於自己」、「我愛吾子更勝於自己。」

但是，一旦到了生死關頭，人最先還是會想保護自己。在意識未及的深沉心底，人總是愛著、執著於自己。這種我執、我愛，應該稱之為本能。而國王夫妻因為深受佛陀教誨，因而能察覺這種我執、我愛，也是他們受佛光普照的證明。

但是，兩人自覺背叛了佛陀的倡說慈悲，因而來到祇園精舍，向佛陀稟告此事。佛陀聽了兩人的話之後，做了如下的回答：

思雖往一切（人的思想雖然遨遊宇宙），
不達於比己（卻沒有任何事物）
更為可愛者（比得上自己可愛）。
其他之諸人（其他的人），
亦是可愛己（也是最愛自己）。
是故為自愛（所以，懂得自愛的人），

勿以傷害他（不會傷害其他人）。

——《相應部經典》

首先，佛陀說「思雖往一切，不達於比己，更為可愛者」，應要看清楚，人總是最愛護自己，這是一種本能，也是基本。不論在什麼狀況下，人都會執著的愛著自己。不論行什麼事、或想些什麼，在自己察覺不到的內心深處，都會盤算著什麼對自己有利、什麼對自己不利，自己喜歡什麼、討厭什麼。這樣的意念位於思想的核心在運轉著。佛陀說，我們必須認清這樣赤裸的自己。

並且，我們同時也必須毫不逃避的看清楚，當未能滿足自愛想法時的悲傷，或是自尊受傷時的痛苦。此乃第一階段。

接著，佛陀又說了第二階段。「同樣的，其他人也認為世上沒有比自己更可愛的人。」佛陀的意思是，把疼愛自己這殷切的期望、和未能滿足這種念頭的深沉悲傷的眼光轉個一百八十度，看向其他人。我們既然這麼愛自己，別的人也同樣愛自己啊，我受到如此的忽視、被人傷害會感到悲傷，別人也同樣有痛苦和悲傷。所以佛陀說，應拿我心與他人相比，承擔別人的歡喜與悲傷，如同自己的吧。

我們處在自愛思想的最底層，沒辦法將方向調轉一百八十度，心想事成時便得意忘形，諸事不順時便失魂落魄，有時還會胡鬧或報復。媒體上喧騰一時的事件，大都起因於此。

佛陀說，不要躁動不安，冷靜的凝視，然後在底層把眼光轉向他人吧。然後與第三階段「是故為自愛，勿以傷害他」相結合，在自愛的極限上，將方向調頭一百八十度，愛他人如同愛自己，不傷害他人如同自己不想受傷。

在佛教兩千五百年的歷史中，從沒發生過流血事件，因為它是一段「不害」的歷史，也是「慈悲」的歷史。而且這種慈悲，並不只是場面話，而是從利己性、自愛等熾烈的本能底層轉向而成、是不可動搖的心念，這一點希望大家牢記在心。

我們不想被人傷害，
所以也不要傷害他人。

當我們被忽視或傷害時，
會感到悲傷，
所以，要懂得愛自己，也懂得愛別人。

擇師與從師的態度

佛陀的一名弟子跋迦梨年老又重病，自認來日無多，他殷切期盼自己能在死之前，再次拜見佛陀。他將這種心情告知法友，法友便代他轉告，求佛陀答應。佛陀立刻允諾了要求，親自來到跋迦梨的床邊，探望了床上的跋迦梨後說：

「跋迦梨啊，你何需看我這老朽之身呢？凡見法者即見我，見我者即見法。」

意思即是「別看業相，應要看法」，佛陀不論在何處，都一再曉諭眾生：

「勿以人為根據，應以法為根據。」

澤木興道師父經常說：「狗的信徒或貓的信徒都不可為。」他將跟隨人的人稱為狗的信徒，而將跟隨伽藍或跟隨頭銜比一般更偉大的人，稱為貓的信徒，因為貓認屋子。澤木師父說這兩者都不可取，必須跟隨法才是正途。

道元禪師一方面說：「不得正師，不如不學」，另一方面又說：「正師是法，而不是人。」進而，他認為弟子跟隨師父的態度，最重要的就是完全捨棄自己，全心跟隨。舉例來說，當師父說「佛是蝦蟇，是蚯蚓」，弟子就應把自己至今對佛的想法全部捨掉，把佛想成蝦蟇和蚯蚓。若師父將白說成黑，就應乖乖接受它是黑的。

至於親鸞聖人跟隨法然上人的態度，乃是「即使被法然上人所騙，念佛而墜入地獄，也全然不後悔。」他的態度稱為「無條件的無私」，即不論念佛是通往極樂之路，還是落入地獄的方法，他都不以為意。

念佛既非為了想去極樂，也並非為了逃避地獄。「被聖人所騙而念佛」，就算墜入地獄也不後悔。這種無條件接受師父的話、專心一意的去執行，就是徹底的信。完全交託、完全信任，便是弟子應採取的姿態。但是，這種態度並非像狗的信徒一樣，迷戀紅歌手或紅藝人，而要清醒了悟的跟隨到底。

大家彼此都不是完美的人，若是看著某人，將他視為終點前進的話，不知不覺間便無法超越那個人，我們常聽到「回到佛陀或道元禪師」，這句話並不是叫我們回到他們身邊，而是以佛陀的目標、道元禪師的目標作為目標，若不如此就會背離「以法為師」之心。但是，為了得到正確的法，必須選擇正師。由此可知「選擇正師」、「跟隨正師」有著深刻的緣由。

覺醒，然後完全交託，
也完全相信。

選對正師之後，弟子便應無條件的接受，
並以同樣的高度為目標前行。

環境能造人，人也能塑造環境

「在火缽的冷灰中撒入火種的話，火種立刻便消失於無形。但若是將小火苗集中於一處，就會形成足以燒掉房屋的大火。而每個人都像火種一樣，擁有一分道心，但若是一一將它投進世間的波濤中，便會消失不見。

「若是努力尋求道友，與道友一同修行，則步伐軟弱者也能勉強步上修行之路。」

年輕的時候，澤木興道師父贈予我的這段話，真可算是至理名言，五十多年來，我將它作為誡律自我的話語，投身於修行道場。軟弱又懶散的我之所以能走到今天，得感謝每天無限多的良師指導，與道友、修行僧眾的幫助。

人說「修行乃靠眾人之力」，又如「大眾之威神力」所示，有些事單打獨鬥難以勝任，但若身在志同道合者之間，的確不需那麼辛苦，就能完成超越自己能力以上的事。

每個月初坐禪三天或五天，每天從早晨四點到晚上九點，坐十四個小時，稱為攝心。若是我一人獨坐，恐怕連一天都坐不下去，但靠著眾人的幫助，我終能坐完。真可謂「大眾威神力」。

但是，換個角度，我們不能忘記，一個人的存在，可以讓該場域的氣氛和環境為之一變。

有個總是充滿陽光、帶著溫暖笑容的人存在時，明亮、溫暖和歡樂的氣氛，肯定也會包圍他身邊的家人。而在那環境中孕育出來的孩子，也會自然而然成長為開朗、單純的好孩子。一個人若總是沉重、生氣、動不動就不平不滿，他家所有人都會沉重、爭執不休。在這種氣氛中長大的孩子，不懂冷靜安定，也無法真誠的領悟道理，不知不覺的一定會走上黑暗的人生吧。

道元禪師十分重視個人，他在《正法眼藏隨聞記》中說：「國中若出一賢者，則其國興。若出一愚人，則先賢之後廢也」。我也常說「佛教是佛陀一個人開創的，不是嗎？」一人認真點了火苗，一人傳給另一人，火圈就會擴大。就如同佛陀點亮的火，在兩千五百年後的今天成為照耀全世界的光明。

太陽並非因等待黎明到來而升起
而是在太陽升起後黎明才會到來

這首詩是一生投入教育事業的東井義雄老師所作。它讓我們領悟到，不應只看「環境造人」，把責任歸咎於環境，而注意到立誓「我來改變環境」、「我來改變世界」、「從我開始」的重要性。

只要一人認真的點起火苗，
不久便會成為火圈擴展開來。

有了同志，就能繼續下去。
但是若無「從我開始做起」的意志，
就沒有起步。

別對過去念念不忘，只問現在要如何活著

《平家物語》開頭的名句寫道：「祇原精舍的鐘聲，發出諸行無常的清響，沙羅雙樹的花色，展現盛者必衰的道理。」初冬的某日，我造訪了日本人十分熟悉的祇園精舍遺跡，在整理得一塵不染的廣大遺跡，做了報恩的回向，並參拜附近的央掘摩羅塔。

央掘摩羅趴伏在佛陀跟前懺悔，乞求成為弟子的身影，如同夢幻一般出現在眼前，我懷著這種心思，對朝聖佛跡的一行人說起了故事。

央掘摩羅是優秀的婆羅門青年，他的師父婆羅門去遠地旅行，不在的期間，

師母想要誘惑年輕的央掘摩羅，但正直的央掘摩羅拒絕了。師母被拒後惱羞成怒，懷恨在心，待丈夫婆羅門歸來後向他哭訴，誣指央掘摩羅侵犯她。

婆羅門師父命令央掘摩羅說：「你的修行幾乎快完成了，只剩下一項，那就是殺死一百人，剁下手指做成首飾。」央掘摩羅內心十分掙扎，但是又不能違背師父的命令，於是央掘摩羅成了殺人魔，每天晚上到街上殺人，剁下他們的手指做成首飾。央掘摩羅因而有了指鬘外道的稱號。

拘薩羅國的百姓十分害怕，誰也不想到惡賊出沒的地方，不得不去時，便十人、二十人組成小隊一起前往。佛陀聽到傳聞，某日儘管大家一再勸阻，他都不聽，還是舉步前往惡賊所在之處。

央掘摩羅只以為又來了個好獵物，便尾隨在佛陀的身後。不知怎麼回事，儘管佛陀看起來悠然漫步，但不論央掘摩羅如何加快腳步，都無法靠近一步。央掘摩羅喊道：「沙門！你停下來！」

佛陀停下腳步，回過頭去，靜靜的對他說：

「我停下來了，央掘摩羅，你也停手吧。」

這句話有種不可思議的力量，震撼了央掘摩羅的心。他的心在說：「快停止作惡吧！」央掘羅摩不假思索的當場趴伏在地，乞求佛陀收他為弟子。

後來央掘摩羅說出偈言表達心聲：

有人以杖正道，或以鉤鞭正道

佛陀不用刀杖，徒手調伏我

成為佛門弟子後，第二天，央掘摩羅也和其他弟子一樣，必須出門托缽化緣，但群眾畏懼，向他丟擲沙土、石塊，央掘摩羅被打得頭破血流，法衣也破了，缽裡依然空空如也。好幾天都是這種結果。於是佛陀語意深長的安慰他道：「央掘摩羅啊，你必須忍耐，因為你現在所受的都是之前罪業的報應。」又再以偈語鼓勵他：

人前放逸（從前你犯的惡業），
後止不犯（現已用善業掩蓋），
是照世間（如同自雲中出現的月色），
如月雲消（照耀整個世間）。

——《雜阿含經》

從央掘摩羅的故事中，可以聽到幾個聲音：

第一個聲音是：「即使過往的人生凶惡到極點，也不要放棄，可以重新再來。」

第二個聲音是，不管是自己的人生，或別人的人生，我們都常常會放不下過去的負面經驗，所以不要戀棧過去、責怪過去，只要專心自問：「現在過著什麼樣的生活？」

第三個聲音是，不論過去走過的人生裡，做了多深奧的修行，或一直是外人眼中的大善人，都不能放鬆心靈的韁繩。只要作惡的條件齊全，就算修行再高深的人，也有可能犯下難以想像的惡行，所以應隨時收束心靈。修行同時活著，兩者永遠是現在進行式，應隨時自問：「現在如何！」，不時端正姿態的活著。

別放棄，一切都可以重新來過。

不論什麼樣的人生都能重新評價、重新來過。
反之，再偉大的人生，
一旦疏忽，便有可能走入惡路。

第五章

何謂真正的幸福

人為物役，就是物的奴隸

人生的意義之一，可以稱為「追求幸福的旅程」。什麼是幸福呢？我認為，選擇眼光的深淺、高低，可以決定那個人的人生。

佛陀在世的時候發生一個故事。賓頭盧尊者與優填王是從小一起長大的好友，賓頭盧捨棄人世的一切，出家為僧，成為佛陀的弟子，修行之後，成為聖人，被稱為賓頭盧尊者。而他的好友則征服了幾個國家，成為所向披靡的大王。

有一天，賓頭盧尊者回到故鄉僑賞彌國，在林中坐禪。優填王得知後，率領多位管家和侍女，打扮得神采奕奕，去拜訪尊者。他這麼說：

「我現在征服了各國，皇威昌盛，如日中天。頭上頂著天冠，身上裹著瓔珞，還有許多美女隨侍左右，如何？很羨慕吧。」

尊者只答了一句話：「吾無羨心」，也就是「一點也不羨慕」的意思，從這故事，可以發現，賓頭盧與優填王對幸福的定義大相徑庭。

盧梭在《愛彌兒》中提到：

「任何人，不管他是王公貴族，還是大富翁，出生時都得一文不名的赤裸裸出生，而死時也得一文不名的赤裸裸死去。」

他的意思是：「生與死之間的短暫期間，人會穿上各式各樣的衣物。女王般華麗的服裝、乞丐的服裝、僧人的衣著，變成有錢人、老闆、美人，進而還會穿上主義、自戀或自卑感，這一切都是衣服。幾乎所有人都把目光集中在這身衣服，終其一生。卻完全忘了我們脫下一切外在的衣物後，赤裸的自己是什麼樣子。」

赤裸的出生，赤裸的死去。活在人世的短暫期間，小時候得到咯啦咯啦的玩具就能滿足，長大之後就想要汽車、想要異性、想要金錢、想要名譽……，隨著年齡增長，想要的事物也會改變，得手之後為之沉醉、迷戀，失去之後又沮喪難過，陷在其中結束一生。全副心思都放在不斷變換的新裝、不斷得手的玩物上，卻從來沒注意到身為穿衣者、物主的自己，該如何活在當下才對。

北海道淨土真宗的住持夫人鈴木章子，因為癌症轉移，年僅四十七歲便與世長辭，我們聽聽她說過的話吧：

「在醫院裡才領悟到，金錢、頭銜、地位，全都沒有一點用處。躺在床上時，我就只是個孤伶伶的人。這時我恍然明白，人的心中裝著什麼才是最重要的。」

她讓我們明白，亮出總統、大學教授等頭銜，癌症就會放過你嗎？沒有那種事。有了堆積成山的金錢，癌症就會放過你嗎？沒有那種事。在疾病與死亡前面，不論是多大的名譽、財富，都完全無力抗拒。對於名譽和財富的迷戀，在死亡宣告之下幡然清醒，如同泡沫般褪色、消退。

章子女士又說：

「四十六年來，我不在意健康，看不見、聽不見，也完全不放在心上的過日子。拜得到癌症之賜，我終於體會到每一時每一刻的每次邂逅，是這麼耀眼、這麼難得，因而能懷著深刻的喜悅去迎接其到來。」

優填王沉醉著迷於財富和名譽等身外之物，認為那樣就是幸福。但那些都是到了生死關頭，都得放下的事物。賓頭盧尊者正因為從那些事物的沉迷中醒悟過來，才能坦蕩的說「吾無羨心」。真正的幸福，應該是即使罹患癌症，也能認為是得了「恩賜」，不是嗎？

在疾病與死亡前面，
無論是名譽或財富，全都無力抗拒。

無須眷戀那些到了生死關頭
都得拋下的身外之物。

追求無論如何都不會褪色的幸福

有一天，佛陀在說法時，阿那律突然打起瞌睡。說完法之後，佛陀把阿那律叫來，嚴厲的責罵他。重要的說法時睡著，表示他太不認真了。阿那律大概從心底感到愧疚吧，此後他開始與睡魔對抗，連晚上都不睡覺。但是人的身體不可能承受得了晚上不睡覺，他太過強迫自己，最後終於失明了。

佛家弟子必須縫製自己披的袈裟，但眼睛看不見的人，別說縫線，連針都穿不過去。阿那律眨著失明的眼睛，一面喃喃自語的說：「有哪個求福報的人，能不能幫我穿個針呢？」

阿那律的呢喃，馬上就被一個人聽到了，他不是別人，正是佛陀本人。佛陀走到阿那律身邊說：「來，讓我幫你穿針吧。」阿那律大吃一驚，忍不住問道：「弟子不勝惶恐，怎能讓佛陀您為我穿針呢？但是，佛陀，您也在求福報嗎？」

佛陀靜靜的回答：

「世上求福報的人，沒人比得上我——世人雖然都想求福報，但沒有人像我這樣認真的追求。」

佛陀是釋迦國的王子，並且已被欽點，不久將成為國王。他的父親淨飯王特地為了悉達多太子（佛陀在俗世時的名字），建築了三時的宮殿，讓他夏天時涼快、雨季時清爽、冬季時溫暖。不久又為他娶了美麗的妃子耶輸陀羅，悉達多太子應已身在世間最幸福的顛峰，卻捨棄一切，求道出家，成為一介乞食僧，到處流浪。他這般刻苦修行了六年，最後終於悟了道，了解了最完美的生活方式，和最後的安居之所，並且向眾人說法，這就是佛教的誕生。

佛陀的母親摩耶夫人在他出生七天之後就過世了，可能是因為她三十歲後才生產，算是高齡產婦，而且回娘家拘利國生產的途中，在藍毗尼園休息片刻時，突然胎氣一動，便生下佛陀。產後沒有經過充分的休息，就須返回王宮，一再勉強自己，才發生這樣的悲劇吧。她生下太子後一星期便離開人世，摩耶夫人的妹妹摩訶波闍波提因而嫁給淨飯王，成為繼后。悉達多太子在姨母等多位侍女的照顧下健康的長大。

凡是有生命的生物，都會老、病和死。就算本來家財萬貫，有朝一日也可能變成負債，愛也可能轉為恨……會隨著條件褪色的幸福，都不是真正的幸福。什麼樣的幸福才是真正的幸福，在所有條件下都不會褪色呢？悉達多在追尋答案的旅途上出了家，並且找到、向眾人開示的教誨，就是佛教。

它不是要在確切的時地，到處尋尋覓覓的真理，而是要每日不忘的自問，現在當下自己的生活態度。

仔細一想，佛陀可能是全世界最貪得無厭的人，我雖不像佛陀那麼嚴重，但也是因為貪心才會入此道。

紅花般的生命，也需斬斷俗緣與蒼蒼
青絲，才能入此道

我把十五歲入此道時的心思寄託在這首歌裡。如果我們有無數生命、如果生命可以一再重來，那麼做各種各樣的嘗試也無妨。但既然生命只有一次，逝去便不能重來，我便想孤注投在最好的人生，因而最終選擇了這條路。

一路走來已近七十年，才終於有了來到入口的感覺，我再次許願，盼望生生世世都能繼續走在這條路上。

生命不能重來，
所以應該投入在最美好的事物上。

生活態度，不是去某處尋來的東西，
而是好好凝視自己的當下。

將欲望用在進步和利他的方向

有一天，佛陀渡恆河時，船身因為腐朽而進了水。眾弟子接力把水舀出去，才平安到達對岸。佛陀對眾弟子說：

比丘汲此舟水（比丘啊，汲掉此船的水），
水去則舟輕快（水汲掉之後，船就能行得輕快）。
斷除貪欲瞋恚（若是斷除貪和瞋），
則得證於涅槃（你將能很快的到達涅槃）。

——《法句經》

為了譯成有押韻的詩型，只保留了貪和瞋，其實原型中還加了愚痴，是為三毒。三毒即代表了人類無止盡的欲望。人生活在天地的道理中，生命的黑暗一面稱為愚痴，由於無知蒙昧，所有的見識和想法都只能圍繞著小小的自我為中心，依隨凡夫自我的想法，無止盡的追求物質，是為貪；而達不到自己所求所願便發怒洩憤，是為瞋。

散文家江原通子女士在戰爭中失去了丈夫，獨自拉拔大的獨子，也先她而去，人生路走得坎坷辛苦。她告訴了我們，經過這樣的事件，她如何認識了佛法，也更深入佛法。江原大師引用這句經文後，又說「水能載舟，亦能覆舟」，這句話也讓我至今難忘。

水若是無止盡的滲入船中，就會讓船沉沒，但同樣的水，若是將它舀出船外，讓船浮起，就能變為推進的力量。

她說的一點也沒錯，人的欲望並不能與罪惡畫上等號，欲望是天地賦予我們、重要的生命能量，若是忽視這一點，只注意渺小自我的欲望，「想要這樣」、「想要那樣」、「想」，便只會徒生煩惱。佛陀對於這種朝向煩惱的欲望，勸說眾人要杜欲、知足，或是將之比喻為煩惱之火，應要撲滅或斷絕。

古人云：「人應將欲望投向修道，如同善於用火之人，近火卻不燒著，避火卻不凍著。」

這句話說的是，火是好東西，但太靠近會燙傷，然而若是怕火而避開，又會受寒。眾生啊，理應如善於用火般，把欲望引導到修道之路，朝向進步的方向吧。

此外，欲望是天地賜予我們的生命能量，所以能將欲望引導到進步、利他行的方向，回報天地的人，叫做發誓願的人，叫做菩薩。也就是說，他們是將獨一無二的生命，和生命的能量朝著佛陀所在的人。

讚美佛陀德性的十個通號中，有一個叫「調御丈夫」，是用善於駕馭馬匹來比喻佛陀。意思是說，他的另一個清醒的自我，能夠好好操縱衝動、自我中心的心思，將它導向正確方向，這種人稱為成人，佛法被稱為成人的宗教，便是緣由於此。

操縱好自己，不要魯莽衝動。

欲望並非罪惡，
學學好好控制欲望的技藝吧，
進而將它轉向進步、利他的方向行進。

不論身在何處，都在佛的掌心之中

一生投入愛的教育的東井義雄老師，告訴過我一個故事。

有天深夜，他接到電話。這麼晚的夜裡，會是誰打來呢？他拿起話筒，一個男人急迫的聲音說：「全世界的人都拋棄我、背叛我了。我失去了活下去的勇氣。現在打算自盡，一死了之。但是，我只擔心一件事。那就是如果我死前念南無阿彌陀佛的話，會得到拯救嗎？」

東井老師對他說：

「且慢。一時心血來潮念個南無阿彌陀佛，怎可能救得了你呢？更重要的是，你說全世界的人都拋棄你、背叛你，可是你不也背叛了自己、放棄了自己、想要一死了之嗎？但有個人在這段期間未曾放棄你，一直呼喚你，一直在你身上作工，你沒有聽到他的聲音嗎？」

「我根本沒有聽到那個聲音。」

東井老師對著電話的另一頭說道：

「你睡著的時候，心臟也在運作吧。你想死的時候，呼吸也在進行吧。那個人一直維持你的心臟跳動、讓你的呼吸進行，聲聲吶喊著：你不可以死啊，努力的活下去吧。那個維持身體功能的就是佛陀啊。要不然你以為佛陀在什麼地方呢？」

「是我一時糊塗了。」對方喃喃說了這句話，便掛了電話。

不論是睡覺、想要自殺的時候、生氣的時候、或是開心大笑的時候，不論什麼時候，維持我們生命的功能叫做佛。世人有時叫祂阿彌陀如來，有時叫祂毘盧遮那佛，也有人稱為觀世音菩薩。佛無窮盡的運作，世人會從各種角度，用不同的稱謂稱呼祂，但那只是將獨一無二的天地運作，擬人化而命名的名字。

不論是否察覺得到，在那些功能運作中，不只是人類，天地萬物都懷著這種功能而生老病死。

「地球轉動、風吹雨打，都只為了一朵堇花。」

這句話是美國國家公園之父約翰．繆爾所說的。這位人物在冰雪的山脈流浪六年，諦聽天地訴說的話語。為了讓一朵堇花開花，地球轉動、太陽照耀、下雨刮風，一朵堇花開花的背後，有著天地宇宙的運行。若是一個人想自殺，連他扣下扳機的動作，都是天地宇宙賜予的運作。
從事民藝運動的柳宗悅曾經說：「不論身在何處，都在佛的掌心之中。」我們不可忘記，不管何時何地，我們都在佛手中起臥。

陽光照耀、天降甘霖，
都是為了我。

是天地宇宙的運作，
在維持我們的生命，
不管我們是否對此有所察覺。

尊重天地間所有生命之可貴

信州無量寺的庭院中有棵垂枝櫻，叫做仁科櫻，樹齡達三百餘年，數百年來歷經風雪，隨著春天的到來開出美麗的櫻花，讓世人欣賞。根據傳說，自中世紀到江戶期間，豪族仁科家據守於信濃國安曇郡的仁科莊發展勢力，他們在各重要據點種植了垂枝櫻，而這棵便是其中一棵。

近年來，當地人突然發現櫻樹逐漸凋微，因而請了樹醫前往診治。樹醫開出了詳細的處方箋，園藝業的人士遵循處方加以治療。方法之一是更換根部的泥土。

經過眾位園藝師的作業和說明，我獲益良多。

「若是把泥土比喻為都市，微生物就是都市裡的居民，而土壤結構就像是集合住宅的公寓。」前靜岡大學仁王以智夫教授道。微生物住在泥土都市裡的集合住宅，但泥土被人類和車輛一再踩踏後，就會開始缺氧，遭到破壞，使微生物住不下去。

只有微生物活躍活動的狀態下，才會分解動物的屍體、落葉和枯枝，將它們轉化成養分。植物根部吸收這些養分，才能開枝散葉、開花和結果。微生物與植物互相效力，亙古以來便合作演奏出共生的和弦。

微生物無法居住的泥土就和死了一樣，土裡的根吸收不到營養，便會漸漸衰弱，終至枯死。

所以，園藝師在老櫻樹周圍，挖開方圓兩公尺內的地面，在不傷及樹根的狀態下，徒手挖出深一公尺的泥土，檢查樹根的健康狀態，再換入山上最自然、健康的泥土。這些土中有善於分解有機物的米麴菌、驅除植物病原菌的抗菌微生物等五種微生物，並且混入腐葉土、草木灰、魚粉、蛋殼等作為微生物的家。

這些微生物不僅存在於大地中，連我們的身體裡，也藏著好幾公斤的微生物，分解我們吃進的食物，拜微生物所賜，我們的身體才能吸收到營養。據說有時為了治療疾病，服用過量的抗生物質，會殺死這些具有重要功能的微生物，所以平時也要特別小心。

聽著這番說明，我想起從前某位科學家告訴我的話。若將大地上存在的生物加以分類，可分為微生物、植物、動物與人類。從角色上來看待這些生物的話，植物是生產者，動物與人類是消費者，而微生物則是處理人類和動植物產出的垃圾，算是負責大地的清潔工作，讓動植物繁茂生長，方便棲息。若將這四者以金字塔型配置的話，它的構圖會是底部由微生物占據，上一層是茂密的植物，再上一層是動物，而最高層，則是從動植物獲取食物的人類。

只有各層生物在崗位上善盡自己的職責，這四者才有可能生存。如果微生物不存在，大地立刻化為垃圾山，失去了土地的功能而變成沙漠。植物、動物和人類的生命，都不再可能存在。

再深入思考我們的地球環境能讓這個生態金字塔，安樂的長存於地球上，全是因為地球與太陽之間保持了一億五千萬公里的距離。

太陽若是再近一點，地球的氣溫便會上升數千度，若是離遠一點，則會變成零下幾百度，不可能會有生命。而太陽和地球能夠保持一億五千萬公里的距離，則是源自於太陽系行星互相的引力平衡，而太陽系行星的引力平衡，又來自於散布在宇宙空間其他銀河系行星群的引力平衡。

米澤英雄博士說過：「我們的生命如同風中之草一吹就散，全靠著整個天地、整個宇宙加在一起運作才能存活。我們必須領悟，自己這條性命有足以與全天地匹敵的價值。」

只有領悟生命的尊貴，才能看見自己與他人的生命，也才懂得如何運用吧。

這條生命可與宇宙匹敵，
該如何活出它的價值？

每個人各自在崗位上善盡自己的職責，
生命才能延續。

生而為人，要以活出價值作為回報

在義大利阿西西參與宗教會議上，我起立正打算發言時，手錶卻摔落在大理石地板上。趕緊拾了起來，但畢竟撞到的是大理石，長短針飛了出去，已經不能用了。於是暫時向其他人借了手錶，說了用手錶作為比喻的故事。

我習慣用老式的手錶，就是錶面上有長短針旋轉的那種，但現在不巧摔在地上，長短兩針跳了出來，換句話說，就是固定長短針的軸針鬆脫了。

固定長短針的軸針，假設為百分之一公分，如果它說「我覺得這種芝麻大的工作太無聊」，而放棄了職責的話，則整個手錶便都停止，再也不能用了。百分之一公分的軸針雙肩背負著整個手錶的生命，扮演著百分之一公分的角色。

換個角度，不管百分之一公分的軸針如何想在穩定的狀態下運作，但構成手錶的所有零件中，有一個零件故障的話，它就算想動也動不了。換句話說，讓百分之一公分的軸針得以運作的背後，其實是構成手錶的所有零件一起總動員的結果。

我並不是在解說手錶的結構。而是在說，我這個人存活在世上，背後是整個天地運作的結果。天地將總動員運轉的功能賜給了我，現在這裡才有生命的行為。如果我們領悟到這個真理，那麼該如何運用這個生命才對呢？相信答案呼之欲出吧。

構成手錶的所有零件發揮總動員的力量，驅動了百分之一公分的軸針。如果生命是在全體的「驅動」下活動的話，那麼它也背負著全體，為了全體執行著現在的角色。

所以答案就是，抱持「活出生命價值」的態度，盡全力經營現在自己的角色，來作為回報。

若用一句話來含括佛陀的教誨，那就是「緣起」。這並不是日語中所謂的「吉兆」、「凶兆」，而是指所有的事物都因著緣而生而滅。佛陀說，這世界的萬事萬物都層層相接、互相關連的存在著，即使再小的事物都不能遺漏。沒有任何一個事物可單獨存在。

正如固定手錶長短針的百分之一公分軸針，在它發揮功能的背後，有著構成整支手錶的所有零件在支持。

在佛教中，以「一切即一」這句話來表現這種功能。構成手錶的所有零件即為「一切」，它們發揮總動員的力量，驅動了那百分之一公分的零件，這就是「即一」。那百分之一的零件，也就是「一」，背負著整支手錶，即「一切」，它運作著，自始至終執行著自己的角色。這便以「一即一切」來表現。

以「一即一切，一切即一」這句詞，延伸到緣起的運作，我把它換個說法，就是「得其所賜而生，為活出價值而活（作為回報）」。

盡全力扮演此時此地的角色。

手錶如果少了一個小零件，
便不能運作。
所有的事物都有重大的使命，
你這生的使命又是什麼呢？

結語

「擇擇擇擇。」

——中國南北朝南嶽　慧思禪師

這是南嶽慧思禪師《立誓願文》的最後一句話。人生有兩面，一面是必須無止盡的選擇，而另一面，則是不斷的領受。我的人生可以說就是從「領受」開始的。

我的本家信奉淨土宗，但祖父是御嶽教的長老人物。可能因為從濃尾平原遠望的木曾御嶽山非常美，所以崇拜御嶽山的修驗道[1]修行者和進香團非常多。

祖父接來御嶽山的神明，建立了神宮，又在家後面建了假山，供信徒進香朝聖，每個月都會召集來祭拜的信徒，舉行念經修行。父親身體羸弱，未能走上祖父的道路，而是浸淫在書法和漢書的研究中，直到四十五歲時，病體稍微好轉，才有了我。時隔多年才蒙老天賜子，父母自是欣喜萬分。然而沒過多久，已經過世十五年的祖父卻在御嶽法會時顯靈預言：「這次懷的孩子，未來會出家吧。」進而在我出生時，祖父又再次顯靈於法座預言：「她將會在信州出家。」可以說幾乎預言了我的一生。聽到傳聞的姑姑周山尼（父親的姊姊，也是信州無量寺的住持）高興得手舞足蹈，因而視狀況等到我五歲時就來接我了。母親流淚不捨，但姑母歡喜的不斷逗我說話。

走進無量寺的大門，周山尼帶著五歲的我直奔本堂，讓我坐在菩薩面前，對我這麼說：

「你要好好拜祂哦，佛祖一定會永遠保佑你的。就算不小心睡著，把佛祖忘了，或是玩樂怠惰，或是一時叛逆，認為『佛祖是什麼玩意兒』的時候，祂都一樣會保佑你的。

「還有一點，佛祖的兩手都用拇指和食指比了圓（阿彌陀如來）。如果你做壞事，以為沒有人看見，那雙手的圓就會變成三角形哦。」

五歲的我毫不懷疑的相信了，滿腦子不時在想：「佛祖會說些什麼呢？」十五歲出家後第一次見到澤木興道師父，他對我說「宗教就是讓佛祖引導生活的一切」。這時我才領悟到五歲時聽聞「佛手的圓」指的是這個。

1　將佛教融入日本山岳信仰，發展出獨特的一門宗教，又稱修驗宗，信徒常把自己封閉在山中，進行刻苦的修行。

十五歲那年的春天，我懷著喜悅和理想，出家得度，進入修行道場，將僅有一次的人生託付給最美好的事物。進而在十九歲那年的春天進入大學就讀。就在大學裡遊蕩了十一年。當時大學才剛剛開放男女同校，全校學生中，女性包含尼姑在內只有十人上下。可以說，萬綠叢中一點紅，四周全是老公人選，就這樣過了十多年。我也經歷過摸索求佛之道與結婚能否並存的時期。那時候，聽到澤木興道師父的一句話：「如果可以的話，我也會結婚哪」，恍然明白想要參透這條深遠的路，是不可能與家庭並存的。

由於在大學待得太久，我拒絕了大學和宗務廳多方邀聘，毫不遲疑的回到尼僧的道場，一轉眼已五十多年。總是耽於逸樂偷懶的我，之所以能勉強走到現在，全都是這條路上諸位先進的引導，和一同修行僧眾的支持，在此唯以合掌表示感謝。

自五歲入門，一轉眼已是八十春秋。我從這麼多年來，向無限多佛道和人生的前輩，以及有緣人的學習中，收集了具體的事例和能夠作為生涯指南的箴言，寫成了這一本書，十分感謝出版社給予我這麼好的機會。

青山俊董　合掌

人生顧問338

今天的轉念，決定明天的幸福

從生氣到消氣、放棄到放下、抱怨到接受，讓身心自在的29種人生智慧

作　者—青山俊董
譯　者—陳嫻若
副 主 編—郭香君
責任編輯—邱淑鈴
責任企劃—張瑋之
美術設計—兒日
校　對—邱淑鈴

發 行 人—趙政岷
出 版 者—時報文化出版企業股份有限公司
10803台北市和平西路三段二四〇號四樓
發行專線—（〇二）二三〇六—六八四二
讀者服務專線—〇八〇〇—二三一—七〇五
（〇二）二三〇四—七一〇三
讀者服務傳真—（〇二）二三〇四—六八五八
郵撥—一九三四四七二四時報文化出版公司
信箱—台北郵政七九～九九信箱

時報悅讀網—http://www.readingtimes.com.tw
法律顧問—理律法律事務所　陳長文律師、李念祖律師
印　刷—勁達印刷有限公司
初版一刷—二〇一八年十月十九日
定　價—新臺幣三二〇元
（缺頁或破損的書，請寄回更換）

時報文化出版公司成立於一九七五年，
並於一九九九年股票上櫃公開發行，於二〇〇八年脫離中時集團非屬旺中，
以「尊重智慧與創意的文化事業」為信念。

今天的轉念,決定明天的幸福：從生氣到消氣、放棄到放下、抱怨到接受,讓身心自在的29種人生智慧 / 青山俊董著；陳嫻若譯. -- 初版. -- 臺北市：時報文化, 2018.10
面；　公分. --（人生顧問；338）
譯自：泥があるから、花は咲く
ISBN 978-957-13-7577-9（平裝）

1.禪宗　2.佛教修持　3.人生哲學

226.65　　107017158

ISBN 978-957-13-7577-9
Printed in Taiwan